Wegweiser

durch das

Invalidenversicherungsgesetz

von

Dr. jur. Richard Freund,
Vorsitzendem der Invaliditäts- und Altersversicherungsanstalt
Berlin.

**Zwölfte, auf Grund des Invalidenversicherungsgesetzes
gänzlich umgearbeitete Auflage.**

Berlin 1899.
J. J. Heines Verlag.

Vorbemerkung zur ersten Auflage.

Die vorliegende Arbeit soll eine möglichst kurze gemeinverständliche Darstellung derjenigen Bestimmungen des Invaliditäts- und Altersversicherungs-Gesetzes geben, deren Kenntniß für Arbeitgeber und Versicherte Zwecks Durchführung der Versicherung nothwendig ist. Es sind daher alle diejenigen Bestimmungen des Gesetzes, welche die Arbeitgeber und Versicherten bei der Durchführung der Versicherung nicht unmittelbar berühren, nicht in Betracht gezogen oder nur kurz erwähnt.

Der Verfasser.

Vorbemerkung zur elften Auflage.

Zur Grundlage für die vorliegende umgearbeitete Form des „Wegweiser" ist eine von dem Verfasser in Nr. 571 der „Vossischen Zeitung" (Jahrgang 1890) veröffentlichte gemeinverständliche Darstellung des Invaliditäts- und Altersversicherungs-Gesetzes genommen. Bei der Umarbeitung ist insbesondere die Anleitung des Reichsversicherungsamts, betr. den Kreis der versicherten Personen, vom 31. Oktober 1890, sowie die Bekanntmachung des Bundesraths vom 27. November 1890, betr. Befreiung vorübergehender Dienstleistungen von der Versicherungspflicht, berücksichtigt worden. Der Verfasser ist ferner bemüht gewesen, eine möglichst gemeinverständliche Form der Darstellung zu erzielen. Im Uebrigen soll auch der Wegweiser in der vorliegenden umgearbeiteten Form keineswegs eine erschöpfende Darstellung des Gesetzes geben, sondern nur eine Zusammenstellung derjenigen Bestimmungen, welche für Arbeitgeber und Versicherte Zwecks Durchführung der Versicherung von Wichtigkeit sind.

Mit besonderer Ausführlichkeit ist die gegenwärtig für Arbeitgeber und Versicherte wichtigste Frage: „Welche Klassen von Arbeitern unterliegen der Versicherungspflicht?" behandelt worden.

Der „Wegweiser" dürfte sich auch als Instruktion für Vertrauensmänner, Kontrolbeamte und die sonstigen bei der Ausführung des Gesetzes betheiligten niederen Organe der Versicherungsanstalten und Verwaltungsbehörden eignen.

Berlin, im Februar 1891.

Der Verfasser.

Vorbemerkung zur zwölften Auflage.

Die vorliegende Neubearbeitung des „Wegweiser“ will vor allem die umfangreichen **Abänderungen**, welche das bisherige Invaliditäts- und Altersversicherungsgesetz durch das neue **Invalidenversicherungsgesetz** erfahren hat, zur Darstellung bringen. Die Abänderungen sind, um sie auch äußerlich erkennbar zu machen, durch **fetten Druck** hervorgehoben. Im Uebrigen will auch der „Wegweiser“ in seiner neuen Gestalt allen mit der Durchführung des Gesetzes betrauten Personen, insbesondere aber auch den Arbeitgebern und Versicherten eine kurze übersichtliche Einführung in das neue Gesetz geben.

Berlin im Juni 1899.

Dr. Freund.

Inhalt:

Erster Abschnitt. Seite

Welche Personen müssen versichert werden und welche können sich freiwillig versichern? 5

Zweiter Abschnitt.

Wo hat die Versicherung zu erfolgen? Die Versicherungsanstalten und ihre Organisation. 10

Dritter Abschnitt.

In welcher Weise erfolgt die Versicherung bezw. die Beitragsleistung? Die Quittungskarte. Die Marken. 15

Vierter Abschnitt.

Welche Ansprüche erwachsen den Versicherten aus der Versicherung? Invalidenrente. Altersrente. Rückerstattung von Beiträgen. Krankenfürsorge. Sonstige Leistungen. 23

Fünfter Abschnitt.

In welcher Weise werden die Ansprüche geltend gemacht? 29

Erster Abschnitt.

Welche Personen müssen versichert werden und welche können sich freiwillig versichern?

Nach dem Gesetz kommen folgende Arten der Versicherung in Betracht:

1. Versicherungspflicht und zwar:
   a) auf Grund ausdrücklicher gesetzlicher Bestimmung,
   b) auf Grund von Beschlüssen des Bundesraths;
2. Selbstversicherung;
3. Weiterversicherung.

I. Versicherungspflicht auf Grund ausdrücklicher gesetzlicher Bestimmung.

Die Versicherungspflicht tritt nur für diejenigen Personen ein, welche das 16. Lebensjahr vollendet haben und deren Beschäftigung gegen Gehalt oder Lohn (Naturalbezüge, Tantièmen) erfolgt. Wird für die Beschäftigung nur freier Unterhalt gewährt, wie z. B. öfter bei Lehrlingen, so ist Versicherungspflicht nicht vorhanden.*) Auch sind nicht versicherungspflichtig bereits invalide Personen.**)

Es sind versicherungspflichtig:

a) ohne Beschränkung auf eine bestimmte Lohnhöhe, also auch bei Lohnsätzen, welche jährlich 2000 Mk. übersteigen:

   1. Arbeiter, Gehülfen, Gesellen und Lehrlinge.

      Ausgenommen von der Versicherungspflicht sind Personen des Soldatenstandes, welche dienstlich als Arbeiter beschäftigt werden.

---

*) Ein Portier, der als Entschädigung nur freie Wohnung erhält, die aber über sein eigenes persönliches Bedürfniß hinausgeht, ist versicherungspflichtig.

**) d. h. Personen, welchen auf Grund dieses Gesetzes eine Invalidenrente bewilligt ist oder deren Erwerbsfähigkeit auf ein Drittel herabgesetzt ist.

2. Dienstboten (über die sog. höheren Hilfskräfte des Haushalts vergl. unten b 3).
3. Personen der Schiffsbesatzung deutscher Seefahrzeuge und von Fahrzeugen der Binnenschifffahrt (über die Schiffsführer vergl. unten b 5).

b) mit Beschränkung auf eine bestimmte Lohnhöhe, d. h. nur dann, wenn der Jahresarbeitsverdienst 2000 Mk. nicht übersteigt *):
1. **Betriebsbeamte, Werkmeister u. Techniker.**
2. Handlungsgehülfen und Lehrlinge (ausschließlich der in Apotheken beschäftigten Gehülfen und Lehrlinge.)
3. **Sonstige Angestellte, deren dienstliche Beschäftigung ihren Hauptberuf bildet** (z. B. Hausbeamte, Hausdamen, Privatsekretäre und ähnliche Hülfskräfte, sowie städtische Beamte ohne Pensionsanwartschaft).

   Ausgenommen sind unter bestimmter Voraussetzung **) Beamte des Reichs, der Bundesstaaten, der Kommunalverbände, der auf Grund dieses Gesetzes errichteten Versicherungsanstalten und zugelassenen Kasseneinrichtungen.
4. **Lehrer und Erzieher** (beiderlei Geschlechts).

   Ausgenommen von der Versicherungspflicht sind Lehrer und Erzieher an öffentlichen Schulen oder Anstalten, solange sie lediglich zur Ausbildung für ihren zukünftigen

---

*) Beträgt der Jahresarbeitsverdienst mehr als 2000 Mk. aber nicht über 3000 Mk., so kann Selbstversicherung erfolgen (vergl. unter III).

) Reichs-, Staats- und Kommunalbeamte, **solange sie lediglich zur Ausbildung für ihren künftigen Beruf beschäftigt werden oder — und diese Voraussetzung gilt auch für die Beamten der Versicherungsanstalten und Kasseneinrichtungen — sofern ihnen eine Anwartschaft auf Pension im Mindestbetrage der Invalidenrente nach den Sätzen der ersten Lohnklasse zusteht.

Beruf beschäftigt werden oder sofern ihnen eine Anwartschaft auf Pension im Mindestbetrage der Invalidenrente nach den Sätzen der ersten Lohnklasse gewährleistet ist; desgleichen Personen, welche Unterricht gegen Entgelt ertheilen, sofern dies während ihrer wissenschaftlichen Ausbildung für ihren zukünftigen Lebensberuf geschieht (z. B. Studenten oder Kandidaten, welche Privatunterricht ertheilen). Ueber Befreiung von der Versicherungspflicht auf Antrag vergl. unten.

5. **Schiffsführer.**

Auch vorübergehende Beschäftigung macht versicherungspflichtig; doch bestimmt der Bundesrath die Ausnahmen hiervon.*) Auch ist der Bundesrath befugt zu bestimmen, **daß Ausländer, welchen der Aufenthalt im Inlande nur für eine bestimmte Dauer behördlich gestattet ist und die nach Ablauf dieser Zeit in das Ausland zurückkehren müssen, der Versicherungspflicht nicht unterliegen.****) Es handelt sich hier insbesondere um Erntearbeiter.

Auf ihren Antrag***) sind von der Versicherungspflicht zu befreien:

1. Personen, welchen vom Reiche, von einem Bundesstaat, einem Kommunalverband, einer **Versicherungsanstalt oder zugelassenen Kasseneinrichtung** Pensionen, Wartegelder oder **ähnliche**

---

*) Vergl. die Bekanntmachungen vom 24. Dezember 1891 und vom 24. Juni 1893 betr. die Befreiung vorübergehender Beschäftigungen von der Versicherungspflicht.

**) Der Arbeitgeber hat jedoch für solche Ausländer die Hälfte der Beiträge an die Versicherungsanstalt abzuführen.

***) Ueber den Antrag entscheidet die untere Verwaltungsbehörde des Beschäftigungsortes; gegen den Bescheid ist Beschwerde an die zunächst vorgesetzte Behörde zulässig.

Bezüge im Mindestbetrage der Invalidenrente nach dem Satze der ersten Lohnklasse **bewilligt** sind.

2. Personen, welchen auf Grund ihrer **früheren Beschäftigung als Lehrer oder Erzieher an öffentlichen Schulen oder Anstalten** Pensionen u. s. w. (wie zu 1) bewilligt sind.
3. Personen, welchen auf Grund der reichsgesetzlichen Bestimmungen über die Unfallversicherung der Bezug einer jährlichen Rente von mindestens demselben Betrage wie zu 1 zusteht.
4. **Personen, welche das 70. Lebensjahr vollendet haben.**
5. Personen, **welche Lohnarbeit nur in bestimmten Jahreszeiten für nicht mehr als 12 Wochen oder überhaupt für nicht mehr als 50 Tage im Jahr übernehmen, im Uebrigen aber ihren Lebensunterhalt als Betriebsunternehmer oder anderweit selbständig erwerben, oder ohne Lohn oder Gehalt thätig sind, so lange für dieselben nicht bereits 100 Wochen lang Beiträge entrichtet sind.**

Der Antrag auf Befreiung von der Versicherungspflicht kann **zurückgenommen** werden, **alsdann tritt die Versicherungspflicht wieder in Kraft.**

II. Versicherungspflicht auf Grund eines Beschlusses des Bundesraths.

Durch Beschluß des Bundesraths kann die Versicherungspflicht für bestimmte Berufszweige **allgemein oder mit Beschränkung auf gewisse Bezirke** erstreckt werden:

1. auf Gewerbetreibende und sonstige Betriebsunternehmer, welche nicht regelmäßig wenigstens einen Lohnarbeiter beschäftigen,

2. auf Hausgewerbetreibende *) ohne Rücksicht auf die Zahl der von ihnen beschäftigten Lohnarbeiter.

III. Selbstversicherung.

Folgende Personen sind befugt, freiwillig in die Versicherung einzutreten, solange sie das 40. Lebensjahr noch nicht vollendet haben:

1. **Die unter I b genannten Personen, sofern ihr Jahresarbeitsverdienst mehr als 2000 Mk. aber nicht über 3000 Mark beträgt.**
2. **Gewerbetreibende und sonstige Betriebsunternehmer, welche nicht regelmäßig mehr als zwei versicherungspflichtige Lohnarbeiter beschäftigen, sowie Hausgewerbetreibende.**
3. **Personen, welche der Versicherungspflicht nicht unterliegen**
   a) **weil sie nur gegen freien Unterhalt beschäftigt werden.** (Vergl. unter I, S. 5.)
   b) **weil ihre vorübergehende Beschäftigung durch Beschluß des Bundesraths für nicht versicherungspflichtig erklärt worden ist.** (Vergl. unter I, S. 7.)

IV. Weiterversicherung.

Personen, welche aus einem die Versicherungspflicht (vergl. unter I und II) oder die Selbstversicherung (vergl. unter III) begründenden Verhältnisse ausscheiden, sind befugt, die Versicherung fortzusetzen. **Begeben sich Versicherte ins Ausland, so sind sie berechtigt, die Versicherung dort fortzusetzen.**

---

*) Durch Beschluß des Bundesraths ist die Versicherungspflicht auf die Hausgewerbetreibenden der Tabakfabrikation (Bekanntmachung vom 16. Dezember 1896) und der Textilindustrie (Bekanntm. vom 1. März 1894 und 9. November 1895) erstreckt worden.

Zweiter Abschnitt.

Wo hat die Versicherung zu erfolgen?

Die Versicherungsanstalten und ihre Organisation.

Die Versicherung erfolgt bei den Versicherungsanstalten, welche vom Staate für größere Bezirke errichtet worden sind. Es sind im Ganzen 31 solcher Anstalten errichtet, in Preußen zumeist für jede Provinz eine Anstalt, so für die Provinzen Ostpreußen, Westpreußen, Brandenburg, Pommern, Posen, Schlesien, Westfalen und den Stadtkreis Berlin je eine Anstalt. Andere Provinzen sind mit benachbarten Bundesstaaten zu einer gemeinsamen Anstalt vereinigt.

Es sind folgende Anstalten errichtet worden: (Die eingeklammerten Namen bezeichnen den Sitz der Anstalt.)

1. für die Provinz Ostpreußen. (Königsberg.)
2. „ „ Provinz Westpreußen. (Danzig.)
3. „ „ Provinz Brandenburg. (Berlin.)
4. „ „ Provinz Pommern. (Stettin.)
5. „ „ Provinz Posen. (Posen.)
6. „ „ Provinz Schlesien. (Breslau.)
7. „ „ Provinz Westfalen (Münster.)
8. „ den Stadtkreis Berlin. (Berlin.)
9. „ die Provinz Schleswig-Holstein und das Fürstenthum Lübeck. (Kiel.)
10. „ „ Rheinprovinz, die Hohenzollernschen Lande und das Fürstenthum Birkenfeld. (Düsseldorf).
11. „ „ Provinz Sachsen und das Herzogthum Anhalt. (Merseburg.)
12. „ „ Provinz Hannover und die Fürstenthümer Pyrmont, Schaumburg-Lippe und Lippe. (Hannover.)
13. „ „ Provinz Hessen-Nassau und das Fürstenthum Waldeck. (Kassel.)

14. für den Regierungs-Bezirk Oberbayern. (München.)
15. " " Reg.-Bez. Niederbayern. (Passau.)
16. " " " " Pfalz. (Speyer.)
17. " " " " Oberfranken. (Bayreuth.)
18. " " " " Oberpfalz und Regensburg. (Regensburg.)
19. " " " " Mittelfranken. (Ansbach.)
20. " " " " Unterfranken und Aschaffenburg. (Würzburg.)
21. " " " " Schwaben und Neuburg. (Augsburg.)
22. " das Königreich Sachsen. (Dresden.)
23. " " Königreich Württemberg. (Stuttgart.)
24. " " Großherzogthum Baden. (Karlsruhe.)
25. " " Großherzogthum Hessen. (Darmstadt.)
26. " " Großherzogthum Mecklenburg-Schwerin und Mecklenburg-Strelitz. (Schwerin.)
27. " " Großherzogthum Sachsen-Weimar-Eisenach, die Herzogthümer Sachsen-Meiningen, Sachsen-Coburg-Gotha, sowie die Fürstenthümer Schwarzburg-Sondershausen, Schwarzburg-Rudolstadt, Reuß ä. L., Reuß j. L. (Weimar.)
28. " " Herzogthum Oldenburg. (Oldenburg.)
29. " " Herzogthum Braunschweig. (Braunschweig.)
30. " die Freien und Hansastädte Lübeck, Bremen und Hamburg. (Lübeck.)
31. " " Reichslande Elsaß-Lothringen. (Straßburg.)

Eine Zusammenlegung, Theilung oder Aufhebung bestehender Versicherungsanstalten bedarf der Zustimmung des Reichstages.

Die Versicherung erfolgt **bei derjenigen Versicherungsanstalt, in deren Bezirk die**

betr. Person beschäftigt wird. Ein anderer als der jeweilige Beschäftigungsort hat als Ort der Versicherung zu gelten: 1. bei Gewerbebetrieben, deren Natur es mit sich bringt, daß einzelne Arbeiten an wechselnden Orten außerhalb der Betriebsstätte ausgeführt werden, wie etwa bei dem Gewerbebetrieb eines Zimmermeisters oder eines Schornsteinfegers; hier soll immer der Sitz des Gewerbebetriebs als Beschäftigungsort gelten; 2. bei Betriebsverwaltungen, in denen einzelne Arbeiten an wechselnden, in verschiedenen Gemeindebezirken belegenen Orten auszuführen sind, z. B. öffentliche Wasser- oder Wegebauten, Telegraphenverwaltungen, sowie Privatbetriebe ähnlicher Art, wie Privatbahnen; hier soll vorbehaltlich besonderer Regelung durch die höhere Verwaltungsbehörde derjenige Ort als Beschäftigungsort gelten, an welchem die mit der unmittelbaren Betriebsleitung betraute Stelle ihren Sitz hat; 3. bei land- und forstwirthschaftlichen, über mehrere Gemeindebezirke sich erstreckenden Betrieben. Hier gilt bei Arbeitern, welche für den Gesammtbetrieb ohne Beschränkung auf dessen einzelne örtliche Theile angenommen sind, als Beschäftigungsort der Sitz des Betriebs gemäß § 44 des Unfallversicherungsgesetzes für Land- und Forstwirthschaft. Die vorstehenden Bestimmungen gelten auch dann, wenn die verschiedenen Beschäftigungsorte nicht innerhalb des Bezirks der gleichen Versicherungsanstalt liegen. Abgesehen hiervon ist, soweit die Beschäftigung in einem Betriebe stattfindet, dessen Sitz in dem Bezirk einer anderen Versicherungsanstalt belegen ist, die Versicherung des gesammten Betriebs bei der Versicherungsanstalt des Betriebssitzes **nur mit Zustimmung der betheiligten Versicherungsanstalten zulässig.** Eine billige Rücksichtnahme auf begründete Wünsche der betheiligten Unternehmer ist hierbei zu erwarten. Ein **Recht, die Durchführung der gesammten Versicherung**

am Sitze seines Betriebs zu beanspruchen, ist aber dem Unternehmer für den Fall vorbehalten worden, daß die von ihm an verschiedeneu Orten beschäftigten Personen Mitglieder einer für seinen Betrieb errichteten Betriebs- (Fabrik-) Krankenkasse sind.*)

Findet aus einem inländischen Betriebe eine vorübergehende Beschäftigung im Auslande statt, so erfolgt die Versicherung bei der Versicherungsanstalt des Betriebssitzes.**)

Neben den Versicherungsanstalten kann der Bundesrath unter bestimmten Voraussetzungen besondere Kasseneinrichtungen insbesondere für Betriebe des Reichs, des Staats und der Kommunalverbände zulassen, bei welchen alsdann die Versicherung unter Befreiung von der Versicherungspflicht bei der Versicherungsanstalt erfolgen kann. (Zugelassene Kasseneinrichtungen.)

Die Organisation der Versicherungsanstalten ist folgendermaßen geordnet: An der Spitze der Versicherungsanstalt steht ein aus Beamten (Staats- bezw. Kommunalbeamten) gebildeter Vorstand.***) Neben den Beamten **müssen dem Vorstande Vertreter der Arbeitgeber und der Versicherten angehören.** Für jede Versicherungsanstalt wird ferner ein aus Vertretern der Arbeitgeber und Versicherten bestehender Ausschuß gebildet. Die Mitglieder des Ausschusses werden gewählt **von den Beisitzern der unteren Verwaltungsbehörden und der Renten-**

---

*) Die obigen Ausführungen sind der Gesetzes-Begründung entnommen.

**) Bei ausländischen Binnenschiffen gilt als Beschäftigungsort des Personals der Sitz derjenigen Versicherungsanstalt, in deren Bezirk das Schiff bei Ueberschreitung der Grenze zuerst eintritt.

***) Den bei der Versicherungsanstalt und ihren Organen beschäftigten Bureau-, Kanzlei- und Unterbeamten sind die Rechte und Pflichten von Staats- oder Communalbeamten zu übertragen.

stellen (vergl. unten). Zu den Obliegenheiten des Ausschusses gehört insbesondere die **Feststellung des Voranschlages für die Versicherungsanstalt** und die Wahl der dem Vorstande angehörigen Vertreter der Arbeitgeber und Versicherten.

Die gesammte Verwaltung der Versicherungsanstalt, insbesondere die Entscheidung über Rentenansprüche (vergl. jedoch unten), und die Vertretung der Anstalt nach außen liegt dem Vorstande ob.

Die bislang mögliche Bildung eines **Aufsichtsraths ist in Fortfall gekommen.** Desgleichen ist die **Einrichtung der Vertrauensmänner weggefallen;** an deren Stelle treten die **vollkommener ausgestalteten unteren Verwaltungsbehörden bezw. die Rentenstellen.** Der unteren Verwaltungsbehörde werden **Vertreter der Arbeitgeber und Versicherten beigegeben,** welche von den Krankenkassen-Vorständen gewählt werden. Die Hauptfunktion der unteren Verwaltungsbehörde ist die Entgegennahme von Renten-Anträgen und die Begutachtung derselben, sodann der Anträge auf Entziehung von Renten, die Benachrichtigung des Vorstandes der Versicherungsanstalt über geeignete Fälle für die Einleitung der Krankenfürsorge (vergl. unten S. 28) und die Auskunftsertheilung über alle die Invalidenversicherung betreffenden Angelegenheiten.

An Stelle dieser unteren Verwaltungsbehörden **können** nun zur Wahrnehmung der denselben obliegenden Geschäfte besondere **Rentenstellen** errichtet werden. Die Rentenstelle besteht aus einem ständigen Vorsitzenden und Vertretern der Arbeitgeber und Versicherten als Beisitzer; sie ist ein Organ der Versicherungsanstalt und hat die Eigenschaft einer öffentlichen Behörde. Der Vorsitzende wird von dem Kommunalverbande bezw. der Landeszentralbehörde bestellt, die Beisitzer werden von den Krankenkassen-Vorständen gewählt. Der Rentenstelle kann von der Landesregierung statt der bloßen Begutachtung der Rentenanträge die Entscheidung über dieselben in erster Instanz an Stelle des Vorstandes der Versicherungsanstalt übertragen werden.

Die Aufsicht über die Versicherungsanstalten führt das Reichsversicherungsamt bezw. das betr. Landesversicherungsamt. **Die Einrichtung des Staatskommissars bei den Versicherungsanstalten ist in Wegfall gekommen.**

Jede Versicherungsanstalt verwaltet ihre Einnahmen und ihr Vermögen selbstständig. **Die durch die Bewilligung der Renten** (vergl. Vierter Abschnitt S. 23) **entstehende Belastung wird zum großen Theile von allen Versicherungsanstalten gemeinschaftlich getragen** (Gemeinlast). Um diese Gemeinlast zu decken, **werden vom 1. Januar 1900 ab von jeder Versicherungsanstalt 40 Prozent der eingehenden Beiträge buchmäßig ausgeschieden.**

Dritter Abschnitt.

In welcher Weise erfolgt die Versicherung bezw. die Beitragsleistung.

Die Quittungskarte. Die Marken.

Mit dem Eintritt einer Person in eine versicherungspflichtige Beschäftigung (siehe oben unter I und II) beginnt die Pflicht zur Beitragsleistung. Die Beitragsleistung erfolgt durch Einkleben von Marken in eine Quittungskarte.

Die Quittungskarte enthält für das Einkleben der Marken 56 Felder, sie wird von den durch die Landesregierung bestimmten Behörden (Ausgabestelle), z. B. in Berlin von den Polizei-Revieren, ausgestellt. Die Eintragung eines Urtheils über die Führung oder die Leistungen des Inhabers, sowie sonstige Vermerke sind unzulässig; auch ist die Einbehaltung der Quittungskarte nach Einklebung der Marken wider den Willen des Inhabers untersagt. Ist die Quittungskarte vollgeklebt, so ist sie bei der Ausgabestelle zum Umtausch einzureichen; über den Inhalt der eingereichten Karte (Zahl der Marken in den einzelnen Lohnklassen u. s. w.) erhält der Inhaber von der Ausgabestelle eine Bescheinigung. Verlorene, unbrauchbar gewordene oder gestohlene Quittungskarten werden durch neue ersetzt, in welche dann die nachweisbar in der alten Karte geleisteten Beiträge übertragen werden. Eine Quittungskarte verliert ihre Gültigkeit, wenn sie nicht **innerhalb zweier Jahre** nach dem auf der Karte verzeichneten Ausstellungstage zum Umtausch eingereicht wird.

Die Marken sind bei allen Postanstalten und sonstigen von der Versicheruugsanstalt eingerichteten Verkaufsstellen käuflich. Jede Versicherungsanstalt giebt ihre besonderen Marken aus und es müssen Marken derjenigen Versicherungsanstalt verwendet werden, welche für die Versicherung der betr. Person zuständig ist (vergl. Zweiter Abschnitt). Bei freiwilliger Versicherung haben die betr. Personen Marken derjenigen Versicherungsanstalt zu verwenden, in deren Bezirk sie beschäftigt sind oder, sofern eine Beschäftigung nicht stattfindet, sich aufhalten. Versicherte, die im Ausland die Versicherung fortsetzen (vergl. S. 9), haben Marken derjenigen Versicherungsanstalt zu verwenden, in deren Bezirk sie zuletzt beschäftigt waren oder sich aufgehalten haben. Bis jetzt wurden nur Wochenmarken ausgegeben, d. h. Marken, welche den Beitrag für eine Woche darstellten. In Zukunft **bestimmt das Reichsversicherungsamt die Zeitabschnitte, für welche Marken ausgegeben werden sollen,** so daß z. B. auch Vierwochen-Marken ausgegeben werden können. Die Marken sind nicht alle gleichwerthig. Die sämmtlichen Versicherten werden nämlich in **fünf** Lohnklassen eingetheilt und für jede Lohnklasse werden besondere Marken ausgegeben. Es werden nach der Höhe des Jahresarbeitsverdienstes folgende Lohnklassen gebildet:

Klasse	I	bis	zu	350 Mk. einschließlich,			
„	II	von	mehr als	350 Mk.	bis	550 Mk.,	
„	III	„	„ „	550	„	„ 850	„
„	IV	„	„ „	850	„	„ 1150	„
„	V	„	„ „	1150	„		

Es ist aber zu beachten, daß für die Zugehörigkeit der Versicherten zu den einzelnen Lohnklassen nicht der thatsächliche Jahresarbeitsverdienst maßgebend ist, sondern ein Durchschnittsbetrag, welcher insbesondere nach folgenden Bestimmungen berechnet wird*):

---

*) Außer den im Text angeführten Bestimmungen gilt als Jahresarbeitsverdienst:

1. für die in der Land- und Forstwirthschaft beschäftigten Personen, soweit sie nicht einer unter Ziffer 1 bezeichneten Krankenkasse angehören, ein Betrag, der für sie von der höheren Verwaltungsbehörde unter Berücksichtigung des § 3 als durchschnittlicher Jahresarbeitsverdienst festzusetzen ist; bei Betriebsbeamten wird jedoch der für jeden von ihnen nach § 3 des Gesetzes vom 5. Mai 1886 (Reichs-Gesetzbl. S. 132) maßgebende Jahresarbeitsverdienst zu Grunde gelegt;
2. für die auf Grund des Gesetzes vom 13. Juli 1887 (Reichs-Gesetzbl. S. 329) versicherten Seeleute und anderen bei der Seeschifffahrt betheiligten Personen der Durchschnittsbetrag des Jahresarbeitsverdienstes, welcher gemäß §§ 6 und 7 a. a. O. vom Reichskanzler, beziehungsweise von der höheren Verwaltungsbehörde festgesetzt worden ist;
3. für Mitglieder einer Knappschaftskasse der dreihundertfache Betrag des von dem Kassenvorstande festzusetzenden durchschnittlichen täglichen Arbeitsverdienstes derjenigen Klasse von Arbeitern, welcher der Versicherte angehört, jedoch nicht weniger als der dreihundertfache Betrag des ortsüblichen Tagelohns gewöhnlicher Tagearbeiter des Beschäftigungsortes (§ 8 des Krankenversicherungsgesetzes);

a) für diejenigen Versicherten, welche Mitglieder einer Ortskrankenkasse, Betriebskrankenkasse, Bau- oder Fabrikkrankenkasse sind, gilt als Jahresarbeitsverdienst der 300fache Betrag des für ihre Krankenkassenbeiträge maßgebenden durchschnittlichen Tagelohns. Die Tagelohnsätze sind aus den Krankenkassen-Statuten zu ersehen. Beträgt z. B. der durchschnittliche Tagelohn bei einer Kasse für erwachsene männliche Arbeiter 3 Mk., so gilt als Jahresarbeitsverdienst für solche Personen 300 × 3 = 900 Mk., mag im einzelnen Falle die betr. Person auch thatsächlich weniger verdienen; sie gehört mithin in die IV. Lohnklasse.

b) Für solche Versicherte, welche nicht einer unter a genannten Krankenkasse angehören, gilt als Jahresarbeitsverdienst der 300fache Betrag des für den Beschäftigungsort maßgebenden ortsüblichen Tagelohns gewöhnlicher Tagearbeiter. **Doch kann von der höheren Verwaltungsbehörde für einzelne Berufszweige ein anderer Jahresarbeitsverdienst festgesetzt werden.**

Die ortsüblichen Tagelohnsätze sind für die Krankenversicherung von der zuständigen Behörde festgesetzt worden. Beträgt dieser Tagelohnsatz für erwachsene weibliche Personen 1,50 Mk., so gilt als Jahresarbeitsverdienst z. B. für weibliche Dienstboten — da Dienstboten nicht unter das Krankenversicherungsgesetz fallen — 300 × 1,50 = 450 Mk., mag auch ihr thatsächlicher Jahresarbeitsverdienst ein höherer sein; sie gehören also in die II. Lohnklasse.

Lehrer und Erzieher gehören zur IV. Lohnklasse, sofern nicht ein Jahresarbeitsverdienst von mehr als 1150 Mk. nachgewiesen ist.

Der Arbeitgeber wird nach diesen Bestimmungen zu berechnen haben, in welche Lohnklasse seine Arbeiter, Gehülfen und Dienstboten gehören und alsdann die für diese

Lohnklassen ausgegebenen Marken zu beschaffen haben. Es können jedoch Arbeitgeber und Versicherte vereinbaren, daß die Versicherung in einer höheren Lohnklasse erfolgen soll, als sich nach den obigen Bestimmungen ergeben würde; es kann also z. B. Herrschaft und Köchin vereinbaren, daß die Versicherung statt in Lohnklasse II in Lohnklasse IV erfolgen soll, wodurch sich die künftige Rente natürlich erhöht (vergl. S. 24). **Der Versicherte kann aber auch verlangen, daß die Versicherung in einer höheren Lohnklasse erfolgt;** in diesem letzteren Falle ist jedoch der auf den Arbeitgeber entfallende Theil des Beitrages (vergl. S. 21) nicht nach der höheren, sondern nach der maßgebenden Lohnklasse zu berechnen. Freiwillig Versicherten (s. S. 9) **steht die Wahl der Lohnklasse frei, die Zusatzmarke kommt in Wegfall.**

Der Einheitssatz für den Beitrag ist der Wochenbeitrag; die Beiträge werden nicht für Tage, sondern nur für Wochen geleistet. Der Wochenbeitrag beträgt in

Lohnklasse	**I** . .	**14 Pf.**
"	**II** . .	**20** "
"	**III** . .	**24** "
"	**IV** . .	**30** "
"	**V** . .	**36** "

Zur Leistung der Beiträge sowie zum Einkleben der Marken ist der Arbeitgeber verpflichtet.*) Der

*) Die Arbeitgeber sind verpflichtet, über die Zahl der von ihnen beschäftigten Personen, über die gezahlten Löhne und Gehälter und über die Dauer der Beschäftigung den Organen der Versicherungsanstalt und ihren Beauftragten, sowie den die Kontrole ausübenden anderen Behörden oder Beamten auf Verlangen Auskunft zu ertheilen und denselben diejenigen Geschäftsbücher oder Listen, aus welchen jene Thatsachen hervorgehen, zur Einsicht während der Betriebszeit an Ort und Stelle vorzulegen. Ebenso sind die Versicherten zur Ertheilung von Auskunft über Ort und Dauer ihrer Beschäftigung verpflichtet. Die Arbeitgeber und die Versicherten sind ferner verbunden, den bezeichneten Organen, Behörden und Beamten auf Erfordern

Versicherte ist verpflichtet, für die Ausstellung der Quittungskarte Sorge zu tragen und dieselbe behufs Einklebens der Marken vorzulegen. Ist der Versicherte mit einer Karte nicht versehen oder lehnt er die Vorlegung der Karte ab, so ist der Arbeitgeber berechtigt, für Rechnung des Versicherten eine solche anzuschaffen. Die Entrichtung der Beiträge erfolgt nun in der Weise, daß der Arbeitgeber bei der Lohnzahlung für die Dauer der Beschäftigung die entsprechende Anzahl Marken einklebt.*) Findet also die Lohnzahlung wöchentlich statt, so ist eine Marke, findet sie vierwöchentlich statt, so sind vier Marken zu verwenden (bezw. eine 4 Wochen-Marke, falls solche 4 Wochen-Marken zur Ausgabe gelangen, vergl. S. 16). **Doch kann auch die Versicherungsanstalt bestimmen, daß die Marken zu andern als den Lohnzahlungs-Terminen beizubringen sind, z. B. erst bei Beendigung des Arbeitsverhältnisses.**

Zeiten der mit Erwerbsunfähigkeit verbundenen Krankheit oder militärischer Dienstleistung werden, ohne daß Beiträge entrichtet zu werden brauchen, mit folgenden Maßgaben in Anrechnung gebracht:

a) Vor den in Rede stehenden Zeiten muß die betr Person eine die Versicherungspflicht begründende Beschäftigung nicht lediglich vorübergehend aufgenommen haben.

b) Es kommen nur **volle** Wochen zur Anrechnung.

---

die Quittungskarten behufs Ausübung der Kontrole und Herbeiführung der etwa erforderlichen Berichtigungen gegen Bescheinigung auszuhändigen. Sie können hierzu von der Ortspolizeibehörde durch Geldstrafen bis zum Betrage von je einhundertundfünfzig Mark angehalten werden.

*) Doch kann auch angeordnet werden, daß die Beiträge für Rechnung der Versicherungsanstalt durch die Krankenkassen, die Gemeindebehörden oder besondere Stellen eingezogen werden.

c) Die Anrechnung der Krankheitszeit geschieht nur bis zur Dauer eines Jahres.

d) Die an eine Krankheit anschließende **Genesungszeit wird der Krankheit gleich geachtet;** ebenso das **Wochenbett** für höchstens 6 Wochen von der Entbindung an gerechnet.

Das Einkleben der Marken erfolgt der Reihe nach in die Felder der Quittungskarte. **Marken für einen zwei Wochen übersteigenden Zeitraum müssen entwerthet werden,** also z. B. jede 4 Wochen-Marke.*)

Findet die Beschäftigung nicht während der ganzen Woche bei demselben Arbeitgeber statt, so ist von demjenigen Arbeitgeber, welcher den Versicherten zuerst beschäftigt, der volle Wochenbeitrag zu entrichten. Hat dieser Arbeitgeber seinen Verpflichtungen nicht genügt, oder hat der Versicherte nicht etwa selbst die Marke eingeklebt (vergl. S. 22), **so hat derjenige Arbeitgeber, welcher den Versicherten in derselben Woche weiterhin beschäftigt, den Beitrag zu entrichten, doch steht ihm gegen den ersten Arbeitgeber ein Ersatzanspruch zu.**

Wenn auch der Arbeitgeber zunächst zur Leistung der vollen Beiträge verpflichtet ist, so ist der Versicherte verpflichtet, sich die Hälfte der Beiträge bei den Lohnzahlungen einbehalten zu lassen. Die Arbeitgeber dürfen nur auf diesem Wege des Lohnabzugs den auf die Versicherten entfallenden Betrag wieder einziehen. Sind Abzüge bei einer Lohnzahlungsperiode unterblieben, so dürfen sie nur noch bei der nächsten Lohnzahlung nachgeholt werden.

Versicherungspflichtige Personen sind

---

*) Ueber die Art der Entwerthung dieser Marken hat der Bundesrath Vorschriften zu erlassen.

auch befugt, an Stelle der Arbeitgeber die Beiträge selbst zu entrichten; in diesem Falle steht ihnen gegen den Arbeitgeber Anspruch auf Erstattung der Hälfte der geleisteten Beiträge zu, **die Marken müssen aber entwerthet sein.** Der Anspruch auf Erstattung ist bei der Lohnzahlung geltend zu machen; ist das bei einer Lohnzahlung unterblieben, so kann der Anspruch nur bei der nächstfolgenden Lohnzahlung nachgeholt werden.

Wenn Personen, welche der Versicherungspflicht nicht unterliegen, weil sie nur gegen freien Unterhalt oder vorübergehend beschäftigt sind (vergl. S. 5 u. 7) sich während der Beschäftigung freiwillig versichern, **so steht ihnen gegen den Arbeitgeber, welcher zur Beitragsleistung verpflichtet wäre, Anspruch auf Erstattung der Hälfte der Beiträge zu.**

Die nachträgliche Entrichtung von Beiträgen für eine versicherungspflichtige Beschäftigung ist nach Ablauf von zwei Jahren seit der Fälligkeit unzulässig.

Durch Nichtleistung der Beiträge tritt ein Erlöschen der Anwartschaft auf Rente u. s. w. (vergl. unter Abschnitt IV) ein, und zwar

a) bei versicherungspflichtigen Personen dann, wenn während **zweier** Jahre nach dem auf der Quittungskarte verzeichneten Ausstellungstage nicht wenigstens 20 Beitragswochen auf Grund einer versicherungspflichtigen Beschäftigung oder der Weiterversicherung (s. S. 9) geleistet sind,

b) bei selbstversicherten (vergl. S. 9) Personen dann, wenn während der genannten Frist nicht wenigstens 40 Beiträge entrichtet worden sind.

Vierter Abschnitt.

Welche Ansprüche erwachsen dem Versicherten aus der Versicherung? Invalidenrente. Altersrente. Rückerstattung von Beiträgen. Krankenfürsorge. Sonstige Leistungen.

I. Invalidenrente.

Anspruch auf Invalidenrente hat derjenige Versicherte

a) dessen Erwerbsfähigkeit dauernd auf **weniger als ein Drittel** herabgesetzt ist,

b) welcher **während 26 Wochen** ununterbrochen erwerbsunfähig gewesen ist für die weitere Dauer der Erwerbsunfähigkeit.

Ist die Erwerbsunfähigkeit durch einen Unfall herbeigeführt, so besteht ein Anspruch auf Invalidenrente nur insoweit, als die zu gewährende Invalidenrente die Unfallrente übersteigt.

Ein Anspruch auf Invalidenrente steht dem Versicherten nicht zu, wenn er die Erwerbsunfähigkeit vorsätzlich herbeigeführt hat. Es **kann** ferner die Gewährung der Invalidenrente ganz oder theilweise versagt werden, wenn der Versicherte sich die Erwerbsunfähigkeit bei Begehung eines durch strafgerichtliches Urtheil festgestellten Verbrechens oder vorsätzlichen Vergehens zugezogen hat. *)

An Stelle der Rente kann dem Rentenempfänger auf seinen Antrag Aufnahme in ein Invalidenhaus gewährt werden. **)

Ist der Rentenberechtigte ein Ausländer, so kann er, falls er seinen Wohnsitz im Deutschen Reiche aufgiebt, mit dem dreifachen Betrage der Jahresrente abgefunden werden.

---

*) **In den letzteren Fällen kann die Rente der Familie des Versicherten unter bestimmten Voraussetzungen ganz oder theilweise überwiesen werden.**

**) Hierzu bedarf es jedoch einer besonderen Bestimmung im Statut der Versicherungsanstalt.

Voraussetzung für jeden Anspruch auf Invalidenrente ist, daß der Versicherte bereits eine Zeit lang Beiträge geleistet hat (Wartezeit, Karenzzeit). Die Wartezeit beträgt

a) **200 Beitragswochen, wenn mindestens 100 Beiträge auf Grund der Versicherungspflicht geleistet sind,**

b) **500 Beitragswochen in allen anderen Fällen.**

Als Beitragswochen gelten auch die Krankheits- und Militärdienstzeiten (vergl. S. 20).

Die Höhe der Invalidenrente wird in folgender Weise berechnet:

Zum Grundbetrage wird für jede verwendete Marke ein bestimmter Betrag (Steigerungssatz) zugerechnet. Der Grundbetrag beläuft sich

für die Lohnklasse I auf 60 Mk.
" " " II " 70 "
" " " III " 80 "
" " " IV " 90 "
" " " V " 100 "

Der Steigerungssatz beträgt

für jede Woche der Lohnklasse I 3 Pf.
" " " " " II 6 "
" " " " " III 8 "
" " " " " IV 10 "
" " " " " V 12 "

Für Krankheits- und Militärdienstzeiten (vergl. S. 20) wird der Steigerungssatz der Lohnklasse II berechnet.

Zu dem Grundbetrage und dem Steigerungssatze tritt ein fester Zuschuß des Reichs für jede Rente in Höhe von 50 Mk. (Reichszuschuß).

Die Invalidenrente beginnt mit dem Tage, an welchem der Verlust der Erwerbsfähigkeit eingetreten ist. **Für Zeiten, die länger als ein Jahr**

vom Eingange des Rentenantrages an zurückliegen, wird jedoch Rente nicht gewährt.

Die Rente kann dem Empfänger wieder entzogen werden, wenn er nicht mehr als erwerbsunfähig anzusehen ist. *) Außerdem ruht das Recht auf Bezug der Rente in gewissem Umfange und unter bestimmten Voraussetzungen für Personen, welche Unfallrente, Pensionen oder Wartegelder beziehen, für Personen, welche eine Freiheitsstrafe von längerer Dauer als 1 Monat verbüßen, für Personen, welche nicht im Inlande ihren gewöhnlichen Aufenthalt haben.

Den Gemeinden oder Armenverbänden, welche den Rentenempfänger während der Zeit unterstützt haben, für welche demselben ein Anspruch auf Rente zustand, ist durch Ueberweisung von Rentenbeträgen Ersatz zu leisten.

Die Uebertragung von Rentenansprüchen auf Dritte, sowie deren Verpfändung oder Pfändung kann nur in beschränktem Maße und unter ganz bestimmten Voraussetzungen rechtswirksam erfolgen.

II. Altersrente.

Anspruch auf Altersrente hat derjenige Versicherte, welche das 70. Lebensjahr vollendet hat, ohne Rücksicht auf das Vorhandensein von Erwerbsunfähigkeit. Für die Altersrente ist gleichfalls eine Wartezeit vorgeschrieben, sie beträgt 1200 Beitragswochen. Auf diese Wartezeit werden jedoch unter bestimmten Voraussetzungen**) Versicherten, welche zur Zeit, als die Versicherungspflicht für

---

*) Oder wenn er sich einem Heilverfahren entzieht (s. S. 28).

) Die Anrechnung erfolgt nur dann, wenn solche Personen während der **dem Inkrafttreten unmittelbar vorangegangenen 3 Jahre berufsmäßig, wenn auch nicht ununterbrochen, eine versicherungspflichtige Beschäftigung gehabt haben. Dieser Nachweis wird aber erlassen, wenn innerhalb der ersten 5 Jahre nach dem Inkrafttreten eine versicherungspflichtige Beschäftigung von mindestens 200 Wochen bestanden hat.

sie in Kraft trat, das 40. Lebensjahr vollendet haben, für jedes volle Jahr, um welches ihr Lebensalter zu diesem Zeitpunkte das vollendete 40. Jahr überstiegen hat, 40 Wochen in Anrechnung gebracht. War also z. B. der Versicherte beim Inkrafttreten des Gesetzes 60 Jahre alt, so werden ihm 20 × 40 = 800 Wochen in Anrechnung gebracht, so daß er nur noch 400 Beitragswochen nachzuweisen hat.

Die Altersrente setzt sich zusammen aus dem festen Reichszuschuß von 50 Mk. und einem Betrage, welcher sich beläuft

in der Lohnklasse	**I**	auf	**60** Mk.
" " "	**II**	"	**90** "
" " "	**III**	"	**120** "
" " "	**IV**	"	**150** "
" " "	**V**	"	**180** "

Hat ein Versicherter während der Dauer seiner Versicherung in verschiedenen Lohnklassen Beiträge geleistet, so wird der Durchschnitt der diesen Beiträgen entsprechenden Altersrente gewährt. Sind z. B. von den 1200 Wochen geleistet in Lohnklasse I: 400 Wochen, in Lohnklasse III: 300 und in Lohnklasse V: 500 Wochen, so beträgt der Durchschnittsbetrag 125 Mk. auf Grund folgender Berechnung:

$$400 \times 60 = 24\,000$$
$$300 \times 120 = 36\,000$$
$$500 \times 180 = 90\,000$$

$$\text{Summa} = 150\,000$$

$$\text{Dividirt durch } 1200 = 125.$$

Die Altersrente beginnt frühestens mit dem ersten Tage des 71. Lebensjahres; auch hier wird für länger als 1 Jahr zurückliegende Zeiten Rente nicht gewährt.

Bezüglich der Unterbringung in ein Invalidenhaus, des Ruhens der Rente, des Ersatzes an Armenverbände und der Uebertragung von Rentenansprüchen, gelten dieselben Bestimmungen wie bei der Invalidenrente (siehe S. 23 und 25).

III. Rückerstattung von Beiträgen.

a) **Weiblichen Personen,** welche eine **Ehe eingehen,** steht ein Anspruch auf Erstattung der Hälfte der für sie geleisteten Beiträge zu, wenn **mindestens für 200 Wochen** Beiträge geleistet sind.

b) Versicherten, **welche durch einen Unfall dauernd erwerbsunfähig werden,** denen in Folge dessen (siehe S. 23) ein Anspruch auf Invalidenrente nicht zusteht, ist auf ihren Antrag die Hälfte der für sie geleisteten Beiträge zu erstatten.

c) Wenn ein männlicher Versicherter, für welchen mindestens **für 200 Wochen** Beiträge entrichtet sind, verstirbt, so steht der Wittwe bezw. den ehelichen Kindern unter 15 Jahren Anspruch auf Erstattung der Hälfte der für den Verstorbenen geleisteten Beiträge zu.

d) Wenn eine weibliche Versicherte, für welche mindestens für **200 Wochen** Beiträge entrichtet worden sind, verstirbt, so steht den hinterlassenen vaterlosen*) Kindern unter 15 Jahren ein Anspruch auf Erstattung der Hälfte der für die Verstorbene entrichteten Beiträge zu. **)

Die Bestimmungen zu c und d finden keine Anwendung, wenn den Hinterbliebenen aus Anlaß des Todes des Versicherten Unfallrenten gewährt werden, wenn ferner eine die Invaliden- oder Altersrente **bewilligende Entscheidung dem Verstorbenen bei seinen Lebzeiten bereits zugestellt war.**

---

*) Ebenso, wenn der Ehemann sich von der häuslichen Gemeinschaft ferngehalten und sich der Pflicht der Unterhaltung der Kinder entzogen hat.

**) War die weibliche Person wegen Erwerbsunfähigkeit des Ehemannes Ernährer der Familie, so steht ein gleicher Erstattungsanspruch dem hinterlassenen Wittwer zu.

IV. Krankenfürsorge.

Die Versicherungsanstalt ist befugt, für einen erkrankten Versicherten zur Verhütung der einen Rentenanspruch begründenden Erwerbsunfähigkeit das Heilverfahren eintreten zu lassen. Die Unterbringung des Erkrankten in einem Krankenhause oder in einer Rekonvaleszenten-Anstalt ist zulässig; ist aber der Erkrankte verheirathet oder hat er eine eigene Haushaltung, oder ist er Mitglied der Haushaltung seiner Familie, **so bedarf es hierzu seiner Zustimmung.** Die Krankenkasse hat der Versicherungsanstalt aus dem dem Versicherten etwa zustehenden Krankengelde Ersatz zu leisten. Während des Heilverfahrens ist an die Angehörigen des Versicherten, deren Unterhalt er bisher aus seinem Arbeitsverdienste bestritten hat, eine Unterstützung zu zahlen. Entzieht sich der Versicherte dem Heilver.ahren, so kann ihm später die Rente auf Zeit ganz oder theilweise versagt werden, falls nachgewiesen wird, daß die Invalidität durch sein Verhalten veranlaßt ist.

Die Versicherungsanstalt kann auch das Heilverfahren für eine Person einleiten, welche bereits Invalidenrente bezieht, falls nämlich begründete Annahme vorhanden ist, daß der Rentenempfänger bei Durchführung des Heilverfahrens die Erwerbsfähigkeit wieder erlangen werde. Entzieht sich der Rentenempfänger dem Heilverfahren, so kann ihm die Rente mit den obigen Maßgaben entzogen werden.

V. Sonstige Leistungen.

Die Versicherungsanstalt kann Ueberschüsse ihres Vermögens zu andern als den unter I—IV genannten Leistungen im wirthschaftlichen Interesse der der Versicherungsanstalt angehörenden Rentenempfänger, Versicherten, sowie **ihrer Angehörigen, ver-**

wenden. Hierzu bedarf es aber eines übereinstimmenden Beschlusses von Vorstand und Ausschuß der Versicherungsanstalt, sowie der Genehmigung des Bundesraths.

Fünfter Abschnitt.

In welcher Weise werden die Ansprüche geltend gemacht?

I. Rentenansprüche.

Der Antrag auf Bewilligung einer Rente ist bei der für den **Wohnort oder Beschäftigungsort** des Versicherten zuständigen unteren Verwaltungsbehörde oder Rentenstelle (falls eine solche errichtet ist vergl. S. 14) anzumelden. Der Anmeldung sind die zur Begründung des Anspruchs nothwendigen Beweisstücke beizufügen, so insbesondere die letzte Quittungskarte nebst Aufrechnungsbescheinigungen, Geburtsurkunde (für die Altersrente), ärztliches Attest (für die Invalidenrente). Die untere Verwaltungsbehörde bezw. Rentenstelle hat die zur Klarstellung des Sachverhalts erforderlichen Ermittelungen vorzunehmen und demnächst den Rentenantrag mit ihrer gutachtlichen Aeußerung an den Vorstand der Versicherungsanstalt zur Entscheidung zu übersenden. Ist sie der Ansicht, daß die gutachtliche Aeußerung gegen die Gewährung der Rente abzugeben ist, so hat sie vor Abgabe des Gutachtens **den Rentenantrag in einer mündlichen Verhandlung unter Zuziehung je eines Vertreters der Arbeitgeber und der Versicherten zu erörtern.** Der Rentenbewerber ist in jedem Falle von dem Termin zur mündlichen Verhandlung zu benachrichtigen.

Die mündliche Verhandlung unter Zuziehung der Beisitzer unterbleibt, wenn das Gutachten für die Bewilligung der Rente lautet; wenn aber in diesem Falle der Vorstand der Versicherungsanstalt diesem befürwortenden Gutachten nicht entsprechen zu können glaubt, so ist der Rentenantrag vom Vorstand nochmals an die untere Versicherungsbehörde bezw. Rentenstelle zwecks **Anhörung der Beisitzer** zurückzugeben.*)

Wird der Rentenanspruch vom Vorstand der Versicherungsanstalt anerkannt, so ist die Höhe und der Beginn der Rente sofort festzustellen und dem Rentenbewerber hierüber ein **schriftlicher Bescheid** zu erteilen, aus welchem die Berechnung der Rente hervorgeht. Wird der Rentenanspruch nicht anerkannt, so ist ein schriftlicher mit Gründeu versehener Bescheid dem Rentenbewerber zuzustellen. Der Rentenbewerber kann den ablehnenden Bescheid sowie die Feststellung der Höhe oder des Beginns der Rente durch **Berufung an das Schiedsgericht****) anfechten. Die Berufung muß binnen einem Monat nach Zustellung des Bescheides **bei dem Schiedsgerichte** eingelegt werden.

Gegen die Entscheidung des Schiedsgerichts steht dem Rentenbewerber und dem Vorstand der Versicherungsanstalt das Rechtsmittel der **Revision** zu.***) Die Revision ist beim Reichsversicherungsamt binnen einem Monat nach Zustellung der schiedsgerichtlichen Entscheidung einzulegen.†)

---

*) Soweit es sich um die Fragen der Versicherungspflicht des Versicherungsrechtes, oder um das Maß der Erwerbsfähigkeit des Rentenbewerbers handelt.

**) Das Schiedsgericht besteht aus einem öffentlichen Beamten als Vorsitzendem und Vertretern der Arbeitgeber und Versicherten als Beisitzer.

*****) Die Revision hat aufschiebende Wirkung, soweit es sich um Beträge handelt, die für die Zeit vor dem Erlasse der angefochtenen Entscheidung nachträglich gezahlt werden sollen.**

†) Die Revision kann nur darauf gestützt werden:

a) daß die angefochtene Entscheidung auf der Nichtanwendung oder der unrichtigen Anwendung des bestehenden Rechts oder auf einen Verstoß wider den klaren Inhalt der Akten beruhe.

b) daß das Verfahren an wesentlichen Mängeln leide.

Eine rechtskräftige Entscheidung über einen Rentenanspruch kann nur nach Maßgabe der Vorschriften der Civilprozeßordnung über die Wiederaufnahme des Verfahrens angefochten werden.

Der Rentenstelle (nicht der unteren Verwaltungsbehörde) kann auch von der Landesregierung statt der bloßen Begutachtung die **Entscheidung über die Rentenanträge übertragen werden.** Wird von der Landesregierung eine diesbezügliche Bestimmung getroffen, so wird der Rentenantrag nicht an den Vorstand der Versicherungsanstalt abgegeben, sondern die Rentenstelle entscheidet selbst in erster Instanz. Das Verfahren gestaltet sich dann folgendermaßen: Die Versagung der beantragten Rente oder die Gewährung eines geringeren Rentenbetrages kann nur durch die Rentenstelle in der Besetzung von 3 Mitgliedern (Vorsitzender und je ein Vertreter der Arbeitgeber und Versicherten) erfolgen. Wird der Rentenanspruch ganz oder zum Teil anerkannt, so hat der Vorsitzende der Rentenstelle nach Ertheilung des Bescheides die Akten dem Vorstande der Versicherungsanstalt zu übersenden, welcher gegen den Bescheid Berufung beim Schiedsgericht einlegen kann.

Die Auszahlung der Rente geschieht durch diejenige Postanstalt, in deren Bezirk der Empfangsberechtigte seinen Wohnsitz hat. Verlegt der Empfangsberechtigte seinen Wohnsitz, so hat auf seinen Antrag der Vorstand der Versicherungsanstalt die Rente der Postanstalt des neuen Wohnsitzes zur Auszahlung zu überweisen.

II. Erstattung von Beiträgen.

Der Anspruch auf Erstattung von Beiträgen ist bei der unteren Verwaltungsbehörde bezw. Rentenstelle (falls eine solche errichtet ist, vergl. S. 14) **des Wohnorts oder des letzten Beschäftigungs-**

orts anzumelden. Dem Antrage sind die zur Begründung desselben erforderlichen Beweisstücke beizufügen, so insbes. die letzte Quittungskarte, die Aufrechnungsbescheinigungen, Heirathsurkunde, Geburtsurkunden der Kinder, Sterbeurkunde des Versicherten.

Die untere Verwaltungsbehörde bezw. Rentenstelle sendet die Verhandlungen dem Vorstande der Versicherungsanstalt, welcher über den Anspruch einen schriftlichen Bescheid zu ertheilen hat. Gegen diesen Bescheid steht dem Erstattungsberechtigten **die Beschwerde an das Reichsversicherungsamt** binnen einem Monat nach der Zustellung des Bescheides zu.

Auch die Entscheidung über die Erstattung von Beiträgen in erster Instanz kann durch die Landesregierung den Rentenstellen übertragen werden. Eine Mitwirkung von Beisitzern findet hier nicht statt. Gegen den Bescheid der Rentenstelle, wodurch der Anspruch auf Beitragserstattung ganz oder zum Teil anerkannt wird, steht dem Vorstande der Versicherungsanstalt die Beschwerde an das Reichsversicherungsamt zu.

III. Krankenfürsorge.

Der Antrag auf Uebernahme der Krankenfürsorge für einen Versicherten ist bei dem Vorstand der Versicherungsanstalt zu stellen; doch kann auch der Antrag an die untere Verwaltungsbehörde bezw. Rentenstelle gerichtet werden. Dem Antrage sind beizufügen die letzte Quittungskarte, die Aufrechnungsbescheinigungen sowie ein ärztliches Attest, in welchem bescheinigt wird, daß als Folge der Krankheit der Eintritt der Invalidität zu besorgen ist, und daß durch ein geeignetes Heilverfahren diese Folge verhütet werden kann. Eine Beschwerde gegen die Ablehnung des Antrags findet nicht statt.

Druck von W. & S. Loewenthal, Berlin C.

Kolibri 360 GmbH
Ferdinand-Jühlke-Straße 7
99095 Erfurt, Deutschland
produktsicherheit@kolibri360.de